W9-ART-989

Nonfiction Readers® en español

Cómo crece un pollito

Por
Pam Zollman

Children's Press®
An Imprint of Scholastic Inc.
New York Toronto London Auckland Sydney
Mexico City New Delhi Hong Kong
Danbury, Connecticut

Consultant: Don Bell
Poultry Specialist (emeritus)
University of California, Riverside

Photographs © 2005: Charlton Photos/Leigh Charlton: 4 top, 5 bottom right, 16, 17, 21 top right; Corbis Images: 9 (Julie Habel), 5 bottom left, 19 top (Premium Stock), 1 inset, 22 (Garth Webber); Dwight R. Kuhn Photography: cover images, 1, 3, 4 bottom right, 4 bottom left, 5 top left, 8, 10, 11, 12, 13, 14, 15, 20 bottom, 20 center left, 20 top left, 21 center right, 21 bottom, 23 top left, 23 bottom right; Photo Researchers, NY: 2, 5 top right, 19 bottom, 20-21 spread (Chris Bjornberg), 23 top right (Tom McHugh), 6, 7 (Will & Deni McIntyre); PictureQuest/Digital Vision: 23 bottom left.

Book Design: Simonsays Design!

Library of Congress Cataloging-in-Publication Data

Zollman, Pam.
[Chick grows up. Spanish]
Cómo crece un pollito / por Pam Zollman.
p. cm. –(Scholastic news nonfiction readers en español)
Includes bibliographical references and index.
ISBN-13: 978-0-531-20706-2 (lib. bdg.) 978-0-531-20640-9 (pbk.)
ISBN-10: 0-531-20706-4 (lib. bdg.) 0-531-20640-8 (pbk.)
1. Chicks–Juvenile literature. 2. Chickens–Development–Juvenile literature. I. Title. II. Series.

SF487.5.Z6518 2008
636.5'07–dc22 2007050254

Printed in the United States of America. 44

1 2 3 4 5 6 7 8 9 10 R 18 17 16 15 14 13 12 11 10 09

CONTENIDO

Caza de palabras

Busca estas palabras mientras lees. Aparecerán en **negrita.**

cresta

plumón

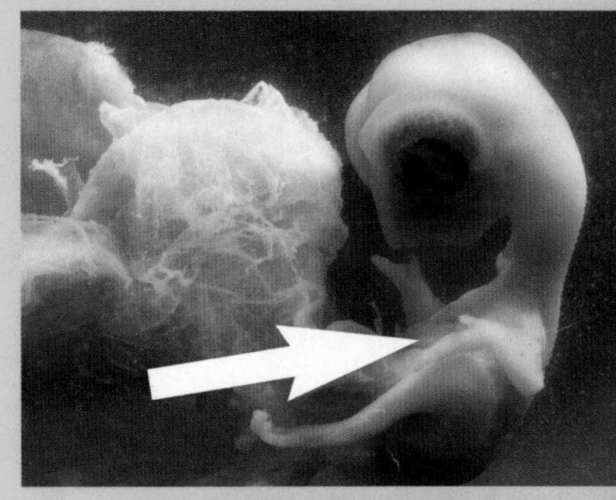

embrión

romper el cascarón

gallina

gallo

barba

¡Pío! ¡Pío!

¿Los has escuchado?

Éstos son la mamá **gallina** y sus pollitos.

Un pollito es un ave.

Las aves tienen plumas y ponen huevos.

¿Sabes cómo crece un pollito?

gallina
pollito

La gallina pone los huevos en el nido.

Algunos huevos tienen dentro un **embrión.**

A los 21 días el embrión se convierte en un pollito.

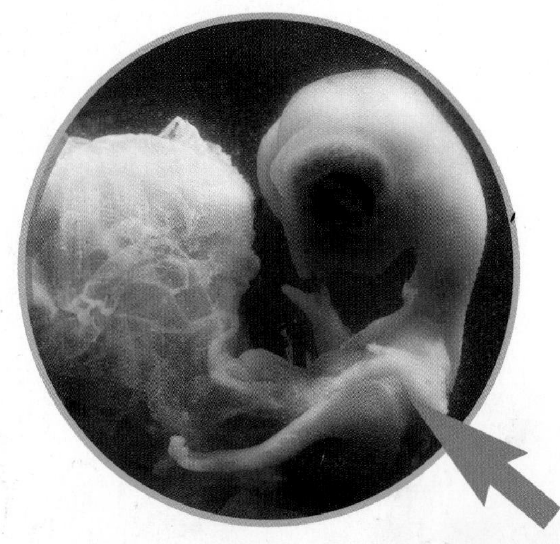

huevos

Este pollito quiere **salir del cascarón.**

¿Cómo podrá salir?

El pollito rompe el cascarón con un piquito especial llamado diamante.

El diamante se encuentra en el pico.

¡Mira! ¡Este pollito está rompiendo el cascarón!

Al nacer, el pollito sale mojado.

A las plumas de los pollitos se les llama **plumón.**

El plumón se seca rápidamente.

Este pollito está casi fuera del huevo.

Mira, el plumón ya está seco.

Estos pollitos están secos y suaves.

Los pollitos pueden caminar enseguida.

A los pollitos les gusta comer semillas, insectos y gusanos.

En cuatro semanas, más o menos, les salen las plumas.

En la cabeza les crece una **cresta.**

Debajo del pico les crece una **barba.**

¿Ya creció este pollito?

Este pollito tiene cinco semanas de nacido.

A los seis meses, los pollitos ya han crecido.

Algunos son **gallos.**

Otros son gallinas.

Las gallinas pondrán más huevos.

El gallo es
el macho.

La gallina
es la
hembra.

Cómo crece un pollito

Este embrión tiene 10 días.

A los 21 días el embrión se convierte en pollito. ¡Mira! Está rompiendo el cascarón.

El pollito puede demorar todo un día en romper el cascarón. ¡Obsérvalo!

4

Los pollitos salen mojados. Este pollito está casi fuera del cascarón.

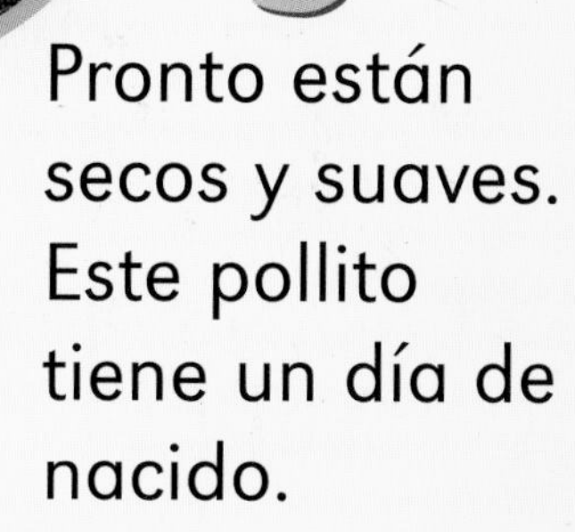

5

Pronto están secos y suaves. Este pollito tiene un día de nacido.

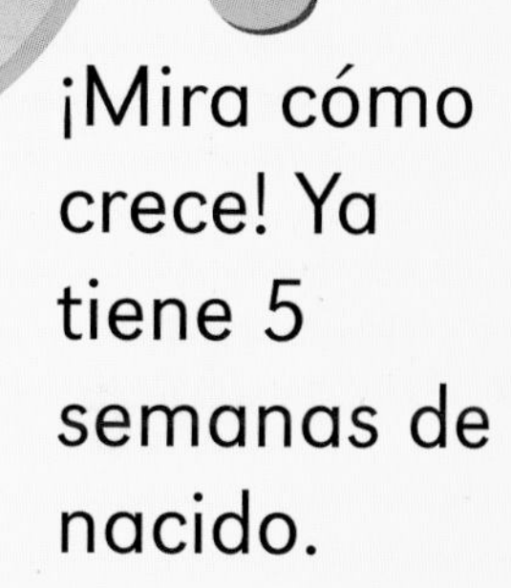

6

¡Mira cómo crece! Ya tiene 5 semanas de nacido.

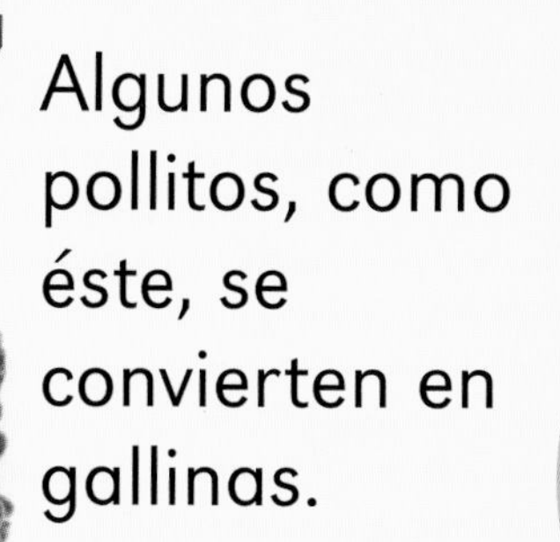

7

Algunos pollitos, como éste, se convierten en gallinas.

Nuevas palabras

barba: carnosidad roja que le crece al gallo debajo del pico

cresta: carnosidad roja que crece en la cabeza del pollo

embrión: organismo dentro del huevo que da lugar a un pollito

gallina: pollo hembra

gallo: pollo macho

plumón: plumas suaves que cubren el cuerpo del pollito recién nacido

romper el cascarón: salir del huevo

¡Estas aves también nacen de huevos!

pato

ganso

pavo real

pavo

ÍNDICE

UN POCO MÁS

Libro:
Face to Face with the Chicken,
por Christian Havard (Charlesbridge Publishing, 2003)

Página web: http://www.enchantedlearning.com/subjects/birds/info/chicken/

SOBRE LA AUTORA

Pam Zollman es una autora que ha sido premiada por sus cuentos, artículos y libros para niños. Es la autora del libro *North Dakota* (Scholastic Children's Press) y otros libros de esta serie sobre los ciclos de vida. Vive en un área rural de Pensilvania, donde puede observar cómo nacen los pollitos.